Ana Isabel Alvea Sánchez

AF193231

CUANDO SUSURRAN
LOS CIPRESES

1ª ed., febrero de 2024

Ilustración de portada:
Florencio Luque

 Poesía Al Albur

Poesía al Albur es una colección de
Cypress Cultura

www.poesia-al-albur.com.es
www.cypress.es

ISBN: 978-84-127712-3-7
Depósito legal: SE 5-2024

IMPRESO EN LA UNIÓN EUROPEA

AGRADECIMIENTOS

Cuando el cielo se desnuda se lo dedico a José Luis Trullo, pues ha sido artífice y motor de este poemario, nacido curiosamente a raíz de algunas conversaciones.

Agradecida a los poetas, grandes maestros y amigos, Isabel Martín Salinas, Jesús Tortajada y José Julio Cabanillas, por sus buenos consejos.

La espera es para Isabel Martín Salinas, por nuestra entrañable amistad de años.

Verano para Jesús Tortajada, al recordarme la poesía en nuestro prosaico ajetreo.

Cuando soñamos para José Julio Cabanillas, por toda su bondad y generosidad.

Piscina pública para mis sobrinos, quienes espero que recuerden una infancia feliz.

*Colaboradore*s para mis alumnos, por la poesía y el trabajo compartido.

A Diego, por este trayecto común en la vida.

I

LA CARTA

Ahora ya sé que pasé por tu vida
indolente y confiado, sin asombro,
como suelen vivir todos los hombres
que no conocen todavía la pérdida.

Raquel Lanseros, *Un joven poeta recuerda a su padre*

LIBRO DE DEFUNCIONES

La hilera de cipreses en quietud
      sus lanzas al viento.

Parecen saludarme los difuntos
cuando observo las ramas agitándose
         camino a la oficina.

Yo registro y compruebo sus nombres y apellidos
fecha de nacimiento y otros datos
a fin de evitar cualquier error

tarea de una contable de la ausencia

mientras las estaciones se despiden.

Llega siempre con paso espectral
el coche fúnebre en la carretera
delante tuya
      cuando alegre vas de viaje
o aparcado en tu bloque.

          Siempre de improviso
ese tremor de alarma en las entrañas
inexorable graznido de cuervo
cuyo vuelo fulgura entre copos de nieve

                    propagándose infausto
mientras la tierra se abre para ti.

A cualquier hora a la funeraria le urge
pedir una licencia de sepultura
una jornada desmochada que alguien
no volverá jamás a despertar.

Ellos proclaman la última certeza.

No sé por qué razón se nos olvida.

BRONCA VOZ

Bronca la voz alerta con acento extranjero
viene con una carta bajo el brazo
                que se abre en tu nombre
                    el calambre en su pupila
 y un cigarro en los dedos a punto de quemarte

todos le damos la espalda
sin escuchar su rumor

y dejamos que el día nos abrume
al menor accidente
o que pase delante de nosotros
sin rozar su cuerpo ni sentirlo

sin saber estar siquiera

CUANDO TODO QUEMA

Los hombres se ven perturbados no por las
cosas, sino por las opiniones sobre las cosas.

Epicteto, *Manual*

Cuando la vida asesta su estocada
                    y desahucia
en el relente del anochecer
un nevero congela tu ciudad
          de nubes adumbradas y basalto
entonces te taladran
              su desamparo y desnudez
los peñascos que arrastran por la calle
                sin tomar aire ni respiro
los huesos que rechinan con la primera luz
 la torsión de su futuro
                          ese aullido de lobos
porque las cosas pueden ser terribles

dónde aquella llanura del color de la avena
dónde el esmalte de campos de girasoles
                          o amapolas

y de nada nos sirve este desconsuelo
de nada…

REVELACIONES

Creo en la belleza que nos invita a
existir más plenamente.

José Mateos

Entre salmos del cementerio
arranco matas a mis lápidas

la flor artificial luce su engaño
el tiempo es contumaz en sus destrozos
un tallo la belleza
un resol en la esquina de polígonos
lampos de luz en la amargura
puede convertirse en contrafuerte
que sostenga tu vida

requiere de cuidados y atención
para criar un nuevo mundo
                    otro modo de estar

a cambio ella desvela sus secretos

nada que ver
            con los carteles publicitarios

LA LECCIÓN DE HISTORIA

La ecuación palpita en la pizarra

tiene el corazón de un animal extraño

nadie conoce la solución
los compañeros tampoco
por mucho que los mires con disimulo
o te escondas debajo de la mesa
para que el profesor no te pregunte

somos un curso sin memoria
que volverá a reincidir
                    en lo mismo

solo sabemos de la sed
para continuar ausentes
mientras otros arrojan
                    al suelo nuestro vaso

POZO

Curiosamente no está el pozo
donde lo mencionan

y persigues
amasar la materia del tiempo con ternura

vivir cerca del agua
río arroyo mar fuente
saber cuándo ser fuego   cuándo tierra
enardecer el aire
la luz que nos promete el aire
acercarse lo más posible a su candor
sentados juntos en la grama
la mirada en la espuma del cielo
labrar construir coser
a pesar de lo hostil

y es difícil: cruzar un lodazal
recordando la costa cristalina
el marco azul intenso de su tarde

EL BASTIÓN

Como barca que navega por el Canal
bajo frondosas ramas o bien a pleno sol
el musgo en la piedra
        o la resina del eucalipto
una parcela por construir
la sombra del geranio en su fachada
un destello de luz
        en la oscuridad del cauce

como la arcilla kaolín
vitrificada al resistir el horno
persiste y se transforma

somos el bastión de un castillo en ruinas
        y nos crecemos
en el constante asedio de los años

MUSEO DE ARTE ORIENTAL EN ÁVILA

La porcelana china en el estante
garridos sus dibujos en azul
            de vegetales sinuosos
parece delicada
blanca como el jazmín con trazos en cobalto

el duro material se altera con el agua
                para crear belleza

UN MUNDO EN FUGA

La pátina del tiempo nos recuerda
de dónde procedemos
ese lugar en extinción
si no fuera por nosotros

CON PARMÉNIDES

Solo permanencia es mi vida.

Dónde el río de Heráclito.

Aquello que prendió me acompaña.
Pueden transcurrir décadas
que todo lo que fue
                              será.
Su quietud dentro.

A veces en su acuario se remueve
pez que se asoma a la superficie
con apariencia de certeza
                   y se vuelve a sumergir.

REFLEJOS

El sol delineado frente a ti
alumbra el reflejo del ayer en el lago
la vida estacionada en la memoria
brumosa y candente
su ermitaño paisaje
               donde el sauce
y las ramas caídas por el peso
           de tu azul evocación

COMO CIMBRAS

Qué restos de mis días
como cimbras ajadas
resisten en la cima de la loma
-un pórtico al raso-
y miran sus confines
      por los arcos del tiempo

en qué vaho se reconocen
dónde las fronteras

EL JARDÍN

Bajas por los peldaños de las estaciones
cubiertos de hojas secas
                    y en abandono

encuentras su cancela cerrada

                    sólo puedes mirar
                    desde la lejanía
                    desde el otro lado

    ¿qué nombres como arrugas
                    alcanzas a leer
    en la piel de los árboles?

II

LOS CICLOS

Sé que en la eternidad perdura y arde
lo mucho y lo precioso que he perdido:
esa fragua, esa hora y esa tarde.

José Luis Borges, *Ewigkeit*

VERANO

La mar que va gritando su discurso de duelo

Felipe Benítez Reyes, *La tempestad*

Un resplandor de fuego nos circunda
en esa extensa playa de dorado cuerpo
                              casi infinita
ociosa y alegre igual que la niñez
una algarada de color en julio
        y de veraneantes

donde el descanso bebe
              palabras frente al mar
al son de un aire de Poniente
que contonea las sombrillas
y veloces los correlimos
juegan en la arena

ojalá su recuerdo nos conforte
ahora que el invierno nos señala
              con gesto taciturno

CESTA DE VERANO

Fijas tus ojos en la cesta
contiene el verano
el jugo de su fruta su sabor

cuando procuras sujetarla…
siempre retrocede

PASEO POR LA PLAYA

En mi paseo todo es horizonte
paisaje que me coge por la cintura
una madre viéndonos crecer
una amiga y su consuelo
quien sabe nuestro inicio y final
y en su verano nos cobija

EL TELÓN

Deja la cabalgata a su paso
una dulce alfombra en el arcén

mientras la ilusión dobla la esquina
de la edad
          y se escapa
entre la algarabía de la multitud
los barrenderos limpian con ahínco las calles
anuncian a los niños la dureza
y un telón desvaído
que siempre
          se desploma
cuando crecemos

PANORÁMICA

I

El cerro agostado en el estío
como un grabado en sepia
cada mañana al clarear
famélico de agua
manantial que lo sacie
igual que nosotros

así alguna infancia
forjándose a cuarenta grados

II

Todo era arena ante ti
                    bajo los pies
inmensurable   fatigosa
y la idea del mar de su fragor
una mancha azul apenas vislumbrada
                              te movía

SIEMPREVIVA

Crecer en la sequía
como tú   cactus   como tú
sintiendo sed
                              o bien

como la siempreviva
procurar la belleza
                sin apenas agua

PISCINA PÚBLICA

En los veranos
las voces de los críos
su estrépito chapotea en el agua
nadar en su frescor ligera
                     deslizarse
      sumergirse en su pecho
tirarnos bruscamente
      en un estallido de gotas

y cuando un vecino nos empapaba
en el portal con la manguera
las risas y los gritos

esa alegría de las largas vacaciones

la infancia no precisa lujos
sí amor y cuidados
algún amigo   salud…

poco más

Me gustaría
igual que los vencejos
vivir al viento

Cielo tostado
se difumina el día
en su crepúsculo

ANUNCIO DE LA PRIMAVERA

Este día parece insustancial
pero es primavera y todo nos aclama

la clorofila seduce al campo
con los muslos de su fotosíntesis

una bandada de estorninos celebra la mañana
                                    [con cabriolas
ante el asombro de una familia que pasea

una fila de hormigas se va de expedición

las margaritas se maquillan
coquetean esbeltas con las abejas

sospecho que el gorrión emite
mensajes de amor desde el balaustre

el mirlo brinca por el césped

los jóvenes conversan en el parque
sentados en el banco de los enamorados

el adulto que corre
para ayudar a un minusválido a cruzan el semáforo

a plena luz diurna
el mundo nos irradia su esplendor
        y en su fiesta me adentro

LEJANÍA

Aquella luz dorada en el balcón
cuando el día tímido se asoma

los pájaros dibujan lunares en el cielo

observas la amplitud del terreno ante ti
la llanura   su otero en lontananza

lejanía

                    ofréceme siempre

el anhelo de lo desconocido
los cirros que coronan tu cabeza
un lugar al que dirigirme
la memoria de un mundo más hermoso
no bajar nunca la mirada

CUANDO EL CIELO SE DESNUDA

Un centelleo a mandarina y limón
enciende esta oscura postal

empieza a desvelarse el mundo
envuelto en su misterio
hasta mostrar su nitidez
pinceladas de transparencia en nuestros ojos

cacareo del gallo
                    el ruido de motores
el sol alzándose detrás
                    de la arboleda

en un instante el día ante ti
un prodigio que volverá mañana
ofreciendo su gracia
igual que se ofrecen caramelos

GERANIOS

Calles de casas blancas y geranios
bañadas por la luz
su viveza y arrobo en nosotros
cuando las recorríamos febriles
por los patios en flor y sus almendros
y bajábamos presto las cuestas
                              buscándonos

toda la vida estaba aquí
en el estribo de nuestras pulsaciones

LA PLAZA

Los naranjos. Sus flores nos miraban
                              ir y venir
tu mano abrazando mi cintura

locos pensamientos míos

a veces yo esperaba en uno de sus bancos
junto al tumulto de la plazuela
mis latidos al ritmo de la música
que animaban los cafés

la plaza de naranjos y blancos arriates
envuelta en el fluir de su aroma
testigo de las huellas del tiempo

ay, azahar de mi juventud
                    quién os tuviese

AL-WÂDI AL-KABIR

El río grande nos atravesaba
                sus aguas balanceándose
ancho caudal surcado por canoas
bajo un canto hermoso de jilguero o mirlo
la tarde en la corteza blanca del platanero
el infinito en la mirada nuestros pasos por su ribera
las confidencias en su orilla   o tumbados al sol
                mi cabeza en tu pecho
la luz acariciando nuestras manos
donde el otro era una morada
en la que no sentíamos la noche

LA CAMPIÑA

Mis pupilas se encienden al rozar
                    la excelsa campiña

la savia nos esplende su vigor
Ímpetu que se eleva por mi pulso
aunque yo vaya tropezándome

naturaleza recostada   como una mujer
                    bajo un velo de nubes

nada puede verse tras el monte
solo donde alcanza la mirada

un canto que relumbra

POR LAS VEGAS DE REGADÍO

Corríamos descalzos por el campo
por las vegas de regadío
en la llanura de su valle
así la juventud su música
despreocupados
de si habría un futuro o no
a pesar del trabajo duro áspero
pero nada nos suponía esfuerzo
en los dominios de nuestra alegría

En la mañana
el pájaro cantor
nos ilumina

Se abren las flores:
la mariposa blanca
revolotea

En primavera
las jaras y retamas
bordan el prado

LUZ DE OTOÑO

Una incipiente luz se posa alrededor
según Kandinsky todo tiene su alma
Nuno Júdice espera que las formas
desvelen lo profundo en sí
todo nos habla, dice Mujica.

Precisas detener el silencio
para apreciar lo cotidiano y su hondura
aquello que haces y alzas consciente
el orden de las cosas en su otoño
cuántas son sus verdades
las canas en tu voz su lucidez
el tono de la vida en callejuelas.

Otro modo de estar
va asentándose en los días.
                  Diferente su hallazgo.

LA SILLA VACÍA

Con entidad verdadera siento hoy
el alma de las cosas

Gregorio Dávila de Tena

Hacerle un sitio al alma en el día a día
esa abuela arrugada y de cabello blanco
acercarle la silla junto a ti
sentir su compañía y sosiego
en todas tus faenas

el calor de su lumbre
cualquier día de otoño

RESPLANDOR TAN BLANCO

Bajo la dulce luz del mediodía
la calle resplandece de blancura
ilumina las casas encaladas
los bares sigilosos
el seto de la puerta

una serenidad nos envuelve e invita
en reposo habitamos su fulgor

DESAFIANDO LA LEY DE GRAVEDAD

Cansada de vivir con plomo
excesivo menaje
aprendo a deslizarme en parapente
los días con el viento en contra
ligera   leve por el aire
una brizna un papel un sueño

cuesta la propia vida entrenarse

AUSENCIAS

A mis padres

En ausencia de ti
cuánto desamparo

pensamos carecer
igual que una ciudad sin fortaleza
                    ni alminares
cuando la piel pudiera convertirse
en corteza anillada por la edad
cromo carbono bisagra puente
agua que viene de los montes

al seguir vuestro ejemplo

CUANDO SOÑAMOS

No deseo de infinitud:
Infinitud del deseo

Hugo Mújica

Cuando el cielo se asoma al balcón
fulgura su piel en nuestra casa
desbroza corpulentas sombras
la ilusión colma toda la estancia
como cuando niños

TRAVESÍA

... tengo en mí todos
los sueños del mundo.

Álvaro de Campos, *Tabaquería*

Los propósitos de Pessoa viajan en transatlánticos
sin llegar a destino alguno

y qué más da
si es hermoso verlos navegar partir
perderse... por algún punto de fuga
y perdernos

La meta puede ser no detenerse
un destino condena o trofeo
diferentes carriles
                    para llegar
y volver a partir

En el otoño
reluce un tapiz verde
en todo el campo

Tú flor silvestre
embelleces también
nuestro paseo

MIRANDO EL INVIERNO DESDE LA ESQUINA

Veinte años más tarde
cuando cierta rutina nos persigue terca
su índice debajo de los hiatos
y hemos cruzado tierra escarpada
mediterráneos bosques
los baches y las curvas del azar

                nos hallamos aquí

como un anillo al dedo
un guante arropando mi piel
mi mano hecha a tu medida
un corazón que sabe del otro
            y lo guarece

MANCHAS DE HUMEDAD

La humedad va secándose
en la blanda existencia de los días

estas paredes desconchadas
comienzan a cubrirse de hiedra

EL ZARZO DORADO

Aprender de ese hogar
declarado en derribo

bruñido por el trino de gorriones

de ese solar abandonado
donde enraízan firmes las mimosas
        sus ramas rebosantes
        de una dorada llamarada

        las acacias

COMPAÑÍA

Venciendo el paso del tiempo
                    y sus adversidades
el sol
todavía nos acompaña

INVIERNO

No conocemos el invierno aún
pero puede caer sobre nosotros
como un nido de avispas

espero que no nos remolque
a un aterido pastizal
tierra gredosa y agrietada
sustentada por la memoria o la nostalgia
y no nos falte la salud
el mirlo en su árbol de Júpiter
la cabaña en el bosque de nieve
poblada de palabras y cariño y amigos

saber patinar bien en su pista de hielo

ZAHORÍ

Cuando este césped
de alegres y risueñas tardes
            empiece a deslucir
palidezcan por días sus jazmines
            rosales   buganvillas
cuando no se detengan los jilgueros
            ni pasten las ovejas
y la guadaña corte su verde
                        aquí
comenzaremos a excavar
            nuestro pozo

LOS CICLOS

El deseo de ver brotar
         las macetas de la terraza
el álamo en la rotonda
un séquito de rosas en la calle

naturaleza viva
         a pesar de nosotros

y renacer con ella
       sentirse como ella   resurgir

         sin desacordes
sin importar cuándo

En el insomnio
un altavoz la noche
de todo ruido

Todas las ramas
recitan a la vez
la limpia tarde

III
AL RESCATE

Despiértame del todo,
hazme soñar tu sueño,
unta mis ojos con tu aceite,
para que al conocerte me conozca.

Octavio Paz

Las palabras saben de nosotros lo que
nosotros ignoramos de ellas

René Char

EL CLUB DE LOS POETAS MUERTOS

Al principio fue la lectura.
De la brevedad de la vida y Séneca
en mis manos adolescentes.
Está conmigo todavía hoy
sus páginas ahora amarillas las frases subrayadas
y Lorca Gloria Bécquer…

pero no era época de pensar de sueños o de
cultivarse
solo de procurar la supervivencia
mantenerse de pie
en un trabajo monótono pesado arduo
                              pantanoso y hostil
y tú ovillo contraído
que los dedos del lenguaje distiende

y al bucear los libros lo insondable en su fondo
un flamante desasosiego la iridiscencia del vacío
fueron repoblándose de vida
¡Oh, Capitán! ¡Mi Capitán!

AL RESCATE

Cruzamos este río que nos borra
                    conforme se avanza
del paisaje que va quedando atrás
del viento entre las ramas del olvido
solo nos queda un repique
                    en la memoria
su rescate de la muerte
                    gracias al lenguaje

el lenguaje
esa brecha en las manos
que nos labra por dentro

VOZ

Afilar en la molienda
el trigo de la voz
c
   a
     e
       en la tolva el grano

trillamos con los dedos
y cuecen las palabras

¿qué vocablo usar sino el vuestro?
el de todos los días para decir
                  nosotros

eco de un eco en su marea

una lengua que suba a la conciencia
               y nos aliente

LA ESPERA

Lo intentaste. Fracasaste. Da igual. Prueba
otra vez.Fracasa otra vez. Fracasa mejor

Samuel Beckett

Esperamos pacientes.

Esperamos.

Arrimamos el hombro
cuidando del viñedo
atenta a la vida en su escucha
aguardando las cepas las añadas
los pámpanos que nacen

versos de tinta en su cuenco de leche.

Sin saber si será buena la vendimia
sin saber cuándo cómo dónde
por qué los versos surgen.
Si alcanzas a tocar su raíz
            la sientes piensas (nos) descubre
    pero esta derrota
    siempre va contigo.

Cada cual se cultiva en su ceguera.

COLABORADORES

I

Las hormigas se llevan restos de poesía
igual que los gorriones
                    cuando escribo en la terraza
las migas que se caen
las recogen con humildad y empeño
y juntos componemos el poema

II

Cada mañana vuelve
una pareja de gorriones con su ramita.
Entonces entendí:
las ramas en el ángulo oscuro del balcón
no las traía el viento por azar
eran ellos creando
                    insistentes su nido

puedo escuchar su trino cada vez
que me siento a pulir los verbos

MAÑANA DE DOMINGO

En la mañana
los gorriones gorjean y alzan el vuelo
cuando degusto con calma el café

un sol templado roza este rincón
su luz florece en la cocina
                    donde escribo
en mí
en mis manos

comienza a rodar el día
y yo lo acojo con delicadeza
        igual que a un bebé venido al mundo

DÍAS SIN VENTANAS

Esculpir en este papel
aquello que susurra el tiempo

se desvanece en ocasiones
sin asentar palabras en su fondo
cuando lo respiro sorda y ciega
como una autómata que se ha perdido

toda la nieve de la página
               en un espejo mudo

Qué sería de mí
si no hubiese descubierto
    los nombres esculpidos en el tronco
ellos levantan el visillo de las cosas del mundo
retiran las sábanas de los muebles
que uno arrastra en su interior
qué sería de mí
si su rumor no hubiera reparado

toda carcoma en mi vida

Me pregunto si los meses
no tendrán nada más que revelarme
la hierba sabe una palabra o dos

si habré escuchado con esmero
Escucha, escucha; tengo aún
una cosa que decirte

si la poesía
esta epifanía en mis manos
me ha indicado las señas correctas
                    o solo ensoñaciones

En el silencio
despiertan las palabras
y nos susurran

pero no resucitan lo vivido
cincelado en los versos huesos
encerrado en su hueco esa ausencia
cualquier tarde de sol

Vibra en el aire
la hoja de papel
al escribirla

Como cariátides de un templo
                    o museo
            el poema

ÍNDICE

I. LA CARTA

II. LOS CICLOS

III. AL RESCATE